I0440843

Davide Napoletani

Practitioner 2° livello

Certificato AAMET

www.aamet.org

EFT
per iniziare

eftvamente.it

info@eftvamente.it

ISBN: 978-1-291-01065-7

$e=mc^2$

EFT

EMOTIONAL

FREEDOM

TECHNIQUES

SEMPLICE MANUALE D'USO

La storia è semplice ed anche molto recente in quanto si parla degli anni '80, anni nei quali il Dott. Callahan sviluppando le basi della kiniesologia applicata inventa un sistema geniale ed efficace per liberare le persone da paure, ansie, blocchi, complessi di ogni natura e sorte. Ovviamente ogni problematica di cui sopra ha un riflesso fisiologico nel corpo, ogni emozione bloccata provoca una disfunzione a livello energetico e quindi le energie non scorrono più come dovrebbero.

Per semplificare ai minimi termini ed utilizzare immagini conosciute e comprensibili ci riferiamo all'energia elettrica. Questa c'è e non la vediamo, ma ne vediamo gli effetti positivi o a volte negativi se ci sono interruzioni, corto circuiti durante il percorso, più semplicemente se abbiamo un apparecchio che funziona a pile e questo ad esempio ne porta cinque. Basta che ce ne sia una con la polarità invertita che l'apparecchio non funzioni.

Ora, rapportando questo a noi-anche noi funzioniamo in qualche modo a batterie-siamo immersi in un campo energetico e l'energia scorre nelle tre direzioni dei piani anatomici. L'energia non deve scorrere per vie parallele bensì deve incrociare come la corrente alternata...

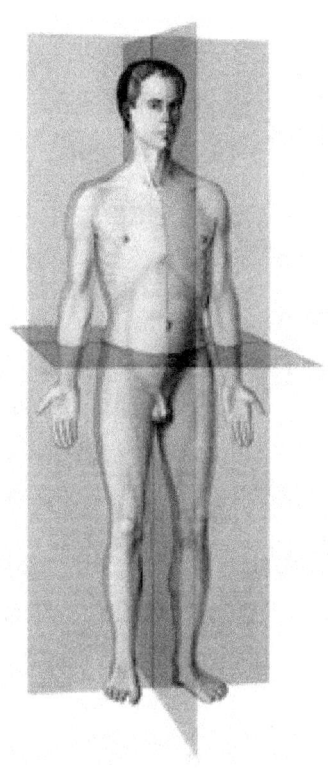

Ci sono i meridiani, canali entro i quali scorrono le energie sottili che hanno una grande importanza nel nostro benessere generale, proprio perché siamo energia.

Prendendo la cosa in modo diametralmente opposto possiamo dire, come asseriva Gary Craig, che alla base di tutte le emozioni negative c'è uno squilibrio energetico, togliendo lo squilibrio sparisce l'emozione negativa. Vero anche il contrario: ricordi resi dolorosi da un'emozione bloccata, condizionano la vita di una persona creando uno squilibrio energetico. Questo squilibrio, questa diga o questo palloncino gonfiato immerso nel flusso energetico blocca il normale fluire delle emozioni, potrei anche osare dicendo che un'emozione bloccata visualizzata come un palloncino nell'acqua, sta a un coagulo in un'arteria che blocca parzialmente il flusso di sangue provocando ipertensione e rischio infarti.

$$Eb : Pa = Cs : Ar$$

Il palloncino è gonfiato con il grido del nostro dolore, poi chiuso e nascosto, e facciamo finta che non ci sia. Ma poi nasce qualche scompenso, qualche acciacco che attribuiamo magari alla normale usura del nostro corpo, ma io dico che non è così. Quel palloncino va a bloccare il flusso energetico del nostro corpo, e quel grido non lasciato andare un frammento di noi che non da pace, e che scoraggia qualunque azione simile a quella che ha provocato il dolore.

Con EFT andiamo a scuotere i canali energetici smuovendo il coagulo o meglio il palloncino che una volta disancorato fa quello che sa fare meglio, ovvero andare verso il sole, e in questo percorso esplode e lascia andare il grido di dolore.

Quell'emozione è finalmente libera di fluire e andarsene verso il mare come una foglia appoggiata sul fiume.

IN PRATICA

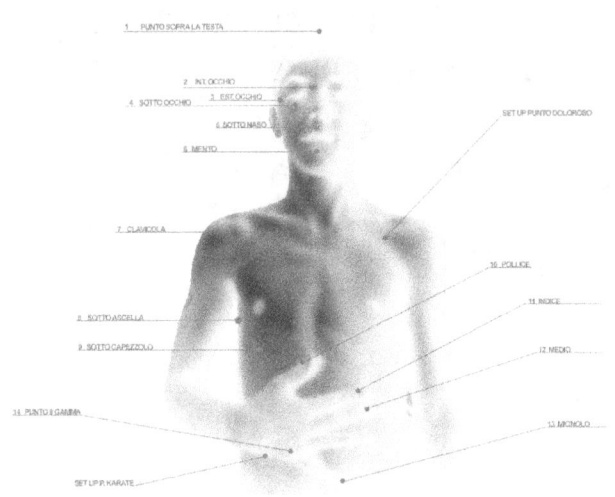

Questa immagine indica con precisione i punti dove andremo a picchiettare durante la sessione, o comunque durante l'esecuzione di una sequenza che non è altro che il picchiettare almeno sette volte per ogni punto indicato, accompagnando il picchiettamento con affermazioni di accettazione nonostante il problema ivi evidenziato.

Ora facciamo un esempio pratico e di immediata comprensione, e lo prendo da una esperienza reale eludendo i nomi e/o situazioni che possano sottintendere l'identità della persona.

Una donna di 43 anni mi dice di avere mal di testa e di non poterne più.

Mi offro di aiutarla insegnandole una tecnica semplice ed efficace, incuriosita accetta e mi chiede cosa doveva fare, le spiego quali sono i punti (vedi disegno pag.11) ed inizio la sequenza chiedendole però prima di descrivermi il mal di testa come se io fossi bendato, lei mi dice di sentire un martello che picchia sulle tempie.

Le dico di copiare i miei movimenti e di ripetere le mie affermazioni, che in realtà sono le sue affermazioni.

Picchiettando sul **punto karate** ripetiamo:

"Anche se, ho questo martello in testa che mi picchia sulle tempie, io mi amo e mi accetto, totalmente e profondamente così come sono con questo martello in testa"

PUNTO 1   Questo mal di testa

PUNTO 2   Questo martello sulle tempie

PUNTO 3   Questo martello sulle tempie

PUNTO 4   Questo mal di testa

PUNTO 5   Ora lo lascio andare

PUNTO 6   Ora lo lascio andare

PUNTO 7   Questo mal di testa

PUNTO 8   Questo mal di testa

PUNTO 9   Questo martello

PUNTO 10 Queste tempie

PUNTO 11 Questo martello sulle tempie

PUNTO 12 Questo martello sulle tempie

PUNTO 13 Ora lo lascio andare

PUNTO 14 Ora lo lascio andare

Guardo in basso a destra

Guardo in basso a sinistra

Faccio un giro completo con lo sguardo in senso orario

Faccio un giro completo in senso antiorario

Canticchiamo una canzoncina "Tanti auguri…"

Contiamo fino al nove

Canticchiamo di nuovo

Ripetiamo fino al Punto 7, un respiro profondo e lasciamo andare…

Le chiedo cosa sta provando o sentendo, mi dice che ha sentito come dell'acqua scendere dalla testa alla zona sacrale.

Le dico "OK lavoriamo su quello"

Ripetiamo la sequenza:

Set up, punto doloroso: Anche se il mal di testa è scivolato come l'acqua lungo la schiena che si è fermata sull'osso sacro, io mi amo e mi accetto totalmente e profondamente.

PUNTO 1 Questo liquido scivolato lungo la schiena

PUNTO 2 Questo liquido che si è fermato sull'osso sacro

PUNTO 3 Questo liquido

PUNTO 4 Questo liquido

PUNTO 5 Ora lo lascio evaporare

PUNTO 6 Ora lo lascio evaporare

PUNTO 7 Questo liquido

PUNTO 8 Questo liquido

PUNTO 9 Questo liquido nell'osso sacro

PUNTO 10 Questo scivolamento lungo la schiena

PUNTO 11 Questo liquido nella schiena

PUNTO 12:Questo liquido sull'osso sacro

PUNTO 13 Ora lo lascio evaporare

PUNTO 14 Ora lo lascio evaporare

Guardo in basso a destra

Guardo in basso a sinistra

Faccio un giro completo con lo sguardo in senso orario

Faccio un giro completo in senso antiorario

Canticchiamo una canzoncina "Tanti auguri…"

Contiamo fino al nove

Canticchiamo di nuovo

Ripetiamo fino alle clavicole, un respiro profondo e lasciamo andare…

Mi dice di avere intensità da 1 a 10 di 0

Resta colpita del fatto che il mal di testa in qualche minuto fosse scomparso.

Le dico che secondo me lei conosceva l'origine del mal di testa, annuisce e mi dice di avere rabbia per la malattia della mamma che non riesce ad accettare.

Le dico che tutto è energia e se lei lascia fluire una buona e libera energia anche sua mamma ne beneficerà.

Giorni dopo mi dice che tutto nella sua vita sembra migliorare, dal rapporto tra lei e sua mamma fino alla salute di sua mamma.

Ci salutiamo.

Ecco, così attraverso un esempio pratico e di vita vissuta, puoi iniziare anche tu a picchiettare su questi punti, puoi tranquillamente seguire la traccia delle sequenze dell'esempio dove sostituisci il mal di testa con quello che vuoi trattare.

Può essere un dolore, o magari un dispiacere dal quale ti vuoi liberare.

La fase del canticchiare e del contare serve per attivare i due emisferi del cervello, la parte logica sinistra e la parte destra creativa.

Come dice Gary Craig, è come accordare il cervello, che

termina con un movimento oculare associato al picchiettamento.

Ok, prendi contatto, chiudi gli occhi e descriviti quando pensi a questo dispiacere, fisicamente dove lo senti e come lo senti, cerca di essere il più preciso possibile.

Inizia la sequenza con il set up:

Anche se *ho questo problema*

io mi amo e mi accetto totalmente e profondamente così come sono, anche se ho questo problema, e continui con la sequenza picchiettando i vari punti ripetendo: questo problema ecc.

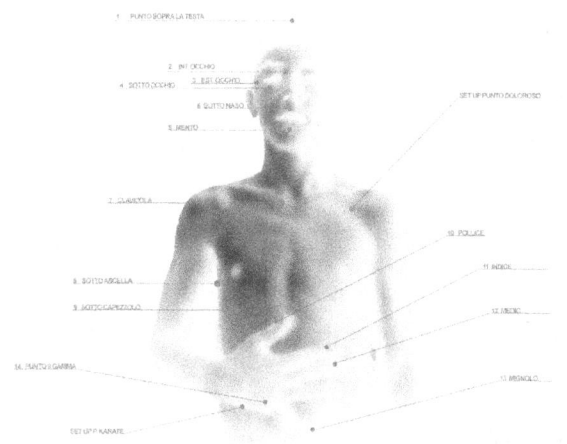

Ora perché tu abbia una visione un pochino più ampia senza avere la pretesa di racchiudere in un libriccino tutte le informazioni possibili immaginabili, ti riporto esperienze e testimonianze dove in fondo troverai sempre la fonte per poter approfondire.

Posso senz'altro dirti che questo è un campo tutto da esplorare, EFT infatti deve considerarsi allo stato sperimentale, e certamente non sostituisce le terapie mediche e/o psicologiche alle quali le persone affette da patologie devono sottoporsi.

Se tu sei in cura da uno psicologo o un medico per patologie particolari ti invito caldamente a confrontarti con loro prima di eseguire EFT.

EFT forse può risolvere molte problematiche che si sono cronicizzate, affrontandole da un punto di vista energetico, quindi può tranquillamente essere affiancato alle terapie tradizionali senza sostituirle, ma sempre con la supervisione del medico o psicologo qualora ci sia una cura in corso.

Fai EFT su ogni cosa, può aiutarti davvero in ogni aspetto della tua vita, ma da solo a volte è difficile, serve un allenatore che veda i tuoi progressi e i tuoi limiti da fuori, e che ti aiuti a superarli, beh questo è il mio lavoro e di tutti gli EFT Coach.

Alcune testimonianze da
www.emofree.it

"Questa è la più grande scoperta della medicina e della psicologia nell'ultimo secolo."

Dawson Church, Dottore di ricerca, Autore di "Genie in Your Genes"

"EFT offre notevoli benefici curativi."

Deepak Chopra, Dottore di medicina (endocrinologo), esperto mondiale sulla medicina mente-corpo

"EFT è all'avanguardia del nuovo approccio alla guarigione."

Candace Pert, Dottoressa di Ricerca e autrice di "Molecules of Emotion"

"Le terapie basate sui meridiani, come EFT, sono in grado di produrre risultati eccezionali soprattutto quando si considera la semplicità e il basso costo di queste terapie. Abbiamo bisogno di imparare che questa semplice tecnica è vera, accessibile a tutti, facile e reale: funziona! Letteralmente tra le tue dita, nelle tue mani,

un <u>metodo</u> *a disposizione di tutti!"*

Norm Shealy, Dottore in Medicina, autore di "Soul Medicine"

"EFT è destinato di essere uno dei più famosi strumenti della guarigione del ventunesimo secolo."

Cheryl Richardson, Autrice di "The Unmistakable Touch of Grace".

EFT PER LA VISTA

"Betty", una signora di 36 anni e madre di due bambini, mi ha contattato per ricevere aiuto sul suo problema di vista.

Mi ha detto che le era stato diagnosticato un glaucoma sette anni prima e che, durante questi anni, aveva visto molti medici specialisti sia tradizionali sia quelli che lei chiama terapisti "alternativi".

Disse che gli "alternativi" l'avevano aiutata a rilassarsi un po' e che i medici le avevano dato delle gocce e le avevano detto che avrebbe continuato a perdere la vista e che avrebbe dovuto accettare il fatto di diventare cieca.

Quando è arrivata per la nostra prima sessione, la sua vista era così limitata che il marito ha dovuto aiutarla a camminare dalla macchina all'incontro.

L'ho presa per mano e l'ho guidata lentamente, stando attenta a farla passare dalla porta d'ingresso, a superare un basso scalino e infine a raggiungere la sedia dove avremmo avuto la nostra sessione di EFT.

Anche se di solito lavoro privatamente con i miei clienti, ho invitato il marito a stare con noi in questa prima sessione; mi è sembrato preferibile avere qualcuno di familiare nella stanza con lei a causa della sua limitata visione, anche se debbo dire che lui era un po' scettico su EFT ma voleva portarla per provare qualsiasi cosa potesse aiutare sua moglie.

Dopo aver raccolto la sua storia, la prima cosa su cui abbiamo lavorato con EFT, secondo l'insegnamento di <u>Gary Craig</u>*, è stata l'originale diagnosi di glaucoma.*

Le ho chiesto di chiudere gli occhi mentre picchiettavo su di lei e lei ha descritto: il dottore, il colore degli abiti del dottore, la descrizione dettagliata della stanza in cui si trovava, gli attrezzi medicali nella stanza, ecc.

Abbiamo picchiettato su tutti i ricordi visivi, sonori, gli odori e i movimenti di quei fortunosi 15 minuti della sua vita che erano collegati alla diagnosi di cecità finale.

- *Anche se l'ambulatorio del dottore odorava di alcol e io non avrei voluto essere lì, mi accetto completamente e profondamente per essere* stata in quell'ufficio.

- *Anche se volevo andare a casa, ma dovevo stare in quella stanza con così tanti strumenti che mi confondevano, mi accetto completamente senza giudicare i miei occhi.*
- *Anche se non volevo stare lì ed ero nervosa e spaventata, accetto completamente la donna, la moglie e la madre che sono.*

Quindi abbiamo picchiettato su cose come: il dottore aveva abiti bianchi e portava gli occhiali...le pareti erano verdi e c'erano dei poster delle mappe degli occhi alle pareti....uno degli apparecchi faceva un ticchettio... io ero seduta vicino a mio marito e il dottore stava in piedi...la porta era aperta e molta gente passeggiava nella stanza d'attesa...il dottore aveva capelli corti e marroni.... aveva circa 30 anni o forse qualcuno in più...ecc.

Poi le ho chiesto quali erano le parole che il medico aveva detto quando le aveva detto che si trattava di glaucoma e che sarebbe diventata cieca.

Abbiamo picchiettato sulle parole del dottore. Mentre io continuavo a picchiettare su di lei, la cliente appariva distaccata, calma e composta su tutto ciò.

Quindi le ho chiesto, "Come l'hanno fatta sentire le parole del dottore?"

Con questa domanda, il contegno di Betty è cambiato. Lei si è seduta molto indietro nella sedia come ad allontanarsi dalla mia domanda. Ho continuato a picchiettare il suo punto Karate e le ho chiesto "Come si è sentita quando il dottore le ha detto che sarebbe diventata cieca?"

Lei ha detto "Mi sono sentita persa". Quindi le ho chiesto "Quando era piccola, si è mai sentita persa?"

Lei ha aperto gli occhi, ha guardato in lontananza e un fiume di lacrime è arrivato quando mi ha raccontato che quando aveva sette anni, dormendo nella stessa stanza con la sua sorellina una mattina, sua sorella aveva cercato di svegliarla e le aveva detto di alzarsi.

Per qualche ragione, Betty si sentiva così stanca che non riusciva a svegliarsi facilmente. Alla fine, dopo che la sorella l'aveva scrollata, tirata su e supplicata per farla alzare dal letto, aveva aperto gli occhi e l'aveva seguita giusto in tempo per vedere sua madre portata fuori di casa su una barella e messa velocemente dentro un'ambulanza.

Quella fu l'ultima volta che Betty vide sua madre che morì poco dopo di un attacco cardiaco.

Mentre picchiettavamo su quanto segue, io dicevo le parole mentre Betty piangeva:

- *Anche se non riuscii ad alzarmi per dire ciao alla mia mamma e poi non l'ho più rivista, ero una brava figlia e mia madre mi voleva bene.*
- *Anche se mi sento così male per non aver visto mia madre, forse un giorno mi potrò perdonare.*
- *Anche se avevo una madre così buona ma io ero una*

cattiva figlia perché non ero riuscita ad aprire gli occhi e a svegliarmi, so che mia madre mi voleva bene.

E quindi abbiamo picchiettato su: Non potevo aprire gli occhi….Ero così assonnata…Non l'ho mai più vista….Mi sento così in colpa che non ho visto mia madre per l'ultima volta…lei aveva bisogno di me….Non l'ho aiutata…Voglio vederla ancora….Non ho mai più visto la mia mamma….Voglio vederla…Non posso vederla….Non posso più vedere ancora mia madre….non la posso vedere mai più….ecc.

A causa delle forti emozioni collegate al non vedere sua madre di nuovo, ho pensato che il <u>dolore</u> e il senso di colpa che si portava dietro da quel momento della sua giovane vita potesse essere la *causa fondamentale del glaucoma. Betty continuava a singhiozzare mentre io picchiettavo su di lei e parlavo al suo posto.*

Sebbene Betty viva ora in Italia, la sua lingua nativa è lo spagnolo; per questa ragione le ho chiesto di ripetere le frasi di picchiettamento nella sua lingua nativa.

La mia lingua nativa è l'inglese e io lavoro sempre con i miei clienti EFT e gli studenti nelle loro lingue native. Ritengo sia importante che i clienti si picchiettino usando la lingua della loro infanzia lavorando su eventi dei loro primi anni.

Qui, in Italia, la maggior parte della gente è cresciuta parlando e sentendo il dialetto locale del loro particolare paese; per cui io chiedo loro di ripetere le frasi di picchiettamento in quel particolare dialetto.

Inoltre, mio marito ed io abbiamo un Bed & Breakfast qui e gli ospiti vengono da molte parti del mondo per le sessioni di EFT durante le quali io sempre chiedo loro di ripetere le frasi di picchiettamento nelle loro lingue o dialetti.

Anche se capisci raramente le loro parole quando parlano nei loro dialetti o in cinese, tedesco, spagnolo, olandese o francese, i risultati positivi con EFT sono profondi.

Quando il dolore di Betty è sceso di intensità da un 10, su una scala da 0 a 10, a 6 o 7, le ho chiesto dell ultima volta che aveva visto la sua mamma prima che la portassero via:

Anche se mi sento così in colpa per aver dormito fino a tardi e non aver visto mia madre quando l'hanno portata via, la ricordo seduta fuori in giardino, ad un piccolo tavolo, bevendo un bicchiere di limonata con un vicino, seduta accanto ad una pianta di limoni, posso sentire il profumo dei limoni, lei parlava dolcemente, era così bello e tiepido fuori, io giocavo con la mia amica vicino a lei, mia madre aveva un abito chiaro, sorrideva…..

Durante questa "fase" mentre picchiettavo il suo punto Karate, le ho chiesto di immaginare la sua mamma in quel bellissimo tiepido giorno accanto alla pianta di limoni, che si rivolgeva alla piccola Betty e le diceva che era ok che Betty dormisse fino a tardi in quel giorno in cui la portarono via….che la sua mamma capisce perché lei era così assonnata quella mattina….che la sua mamma non voleva che lei la vedesse quella mattina….che la sua mamma vuole che lei la ricordi così , accanto alla pianta di limoni…e che la sua mamma le vuole bene e la perdona…e che lei era una bellissima figlia….

Abbiamo picchiettato su bei ricordi della sua infanzia con la sua mamma. Il senso di colpa di Betty, poi il suo dispiacere, poi la sua tristezza, tutto è andato, come diciamo in italiano, ad un bel zero. La pressione (del glaucoma) che lei aveva sentito negli occhi era scesa a 2 di intensità.

Dopo quella prima sessione, mentre uscivamo fuori solo dopo due ore da quando era arrivata, le *ho chiesto di guardarsi intorno, "C'è qualche differenza?" le ho chiesto. "Sì, un po'".*

Lei descrisse i colori e le forme intorno a lei mentre il marito ascoltava con quella leggera confusione che le persone scettiche hanno spesso quando osservano i potenti risultati che di solito otteniamo con EFT.

Quando arrivò alla nostra terza sessione, Betty mi disse che per la prima volta in sette anni, poteva vedere il riflesso del suo viso sullo specchio. Ha anche raccontato di riuscire finalmente a vedere i compiti che il suo bambino portava a casa da scuola.

In Italia ci sono tradizioni locali di mercatini settimanali all'aperto che sono pieni di banchi con qualsiasi cosa dai formaggi locali alle verdure ai vestiti agli articoli di fattoria.

La gente viene dai dintorni per comprare e anche per godere dell'atmosfera festosa dei mercati. Dopo la nostra quarta sessione, ha detto di aver chiesto al marito di accompagnarla in macchina ad uno dei più grossi mercati locali e di lasciarla lì.

La sua vista era molto migliorata ma non era ancora perfetta. Mi disse che prima di uscire dalla macchina, aveva provato un po' di paura perché c'erano tante cose e tanta gente in cui inciampare come pure curve di passaggi laterali in cui avrebbe potuto cadere.

Quindi aveva picchiettato sulle sue paure con EFT ed aveva poi passato una gradevole mattinata godendosi il mercato da sola per la prima volta in sette anni.

Betty aveva preso EFT come fa un'anatra con l'acqua. Durante il nostro lavoro con EFT, per un totale di tre sessioni da due ore e una sessione da un'ora e qualche breve telefonata, lei ha continuato a fare i suoi compiti di EFT, picchiettando sui sintomi della vista e/o sulle emozioni negative o la pressione emotiva (la pressione fisica, per inciso, è uno dei maggiori sintomi del glaucoma) per 4 o 5 volte al giorno.

Ora lei è chiaramente capace di notare che ogni volta che ha sintomi nella vista, c'è stata una specie di stress emozionale prima che il problema sorgesse; quindi lei si picchietta non appena se ne accorge.

Lei picchietta anche su suo marito e lo ha aiutato per le allergie e picchietta regolarmente sui suoi due bambini.

Stamattina presto mi ha chiamato con una tale eccitazione nella voce che, all'inizio, non riuscivo a capirla. Mi ha detto che mentre stava lavando i piatti della colazione, la visione periferica (a lato) che aveva "perso" molti anni fa, le era tornata.

I maggiori problemi di vista che ora rimangono sono quello che lei descrive come sottili verticali che si muovono attorno, ponendosi nella sua vista; lei è fiduciosa che presto, con EFT, se ne andranno anche loro. La nostra prima sessione è stata due mesi fa.

Mentre mi domando come chiudere questo scritto, la mia attenzione è posata su un colorato *mazzetto di fiori selvatici che mio marito ha raccolto nel nostro campo. Quanto è meraviglioso il dono della vista. Quanto è meraviglioso il dono di EFT. Grazie a Gary e Dawson e a tutti quelli di noi che condividono il dono di EFT. Con tanto amore, Judith Rivera Rosso, EFT Cert-I Autrice di "EFT & Vita"*

www.eftitalia.com www.cascinarosso.info

Roccaverano, Italy

Tradotto da Antonella Priorelli – moscaviola@gmail.com

Ora credo davvero di averti dato una buona infarinatura, e di averti incuriosito abbastanza da voler approfondire e sperimentare EFT per capire le energie e come ci possono guarire attraverso il loro naturale fluire.

Niente magia ne misticismi, EFT è una tecnica basata su solide basi scientifiche come dimostra questo studio:

Sintesi di esperimenti clinici nell'arco di 15 anni su EFT (picchiettamento) rispetto all'utilizzo di altri approcci come l' EMDR, CBT (terapia cognitivo-comportamentale), l' agopuntura e i farmaci.

Rapporto preliminare del primo esperimento su larga scala Studio di psicologia energetica Di Joaquin Andrade, Dottore in Medicina e David Feinstein, Dottore in Filosofia.

La ricerca, che è stata avviata alla fine del 1980 e comprendeva vari studi in un periodo di tempo di 14 anni, è stata pubblicata nel 2004 in un' appendice della Psicologia Energetica Interattiva di David

Feinstein: Interventi rapidi per un cambiamento duraturo (Ashland, o: Innersource).

SINTESI (Documentazione completa a disposizione) In esperimenti clinici preliminari che coinvolgono più di 29.000 pazienti di 11 centri di trattamento in Sud America in un periodo di 14 anni, sono stati condotti una varietà di studi pilota casuali e double blind (cioè dove sia i valutatori che i pazienti non erano a conoscenza di fattori che avrebbero potuto influenzarli).

In uno di questi studi, circa 5.000 pazienti a cui sono stati diagnosticati attacchi di panico, sono stati divisi in modo casuale in un gruppo sperimentale dove veniva applicato EFT (picchiettamento) e in un gruppo di controllo dove veniva applicata la terapia cognitivo-comportamentale o i farmaci, dapprima utilizzando delle tabelle standard di scelta casuale e successivamente dei programmi computerizzati.

Le valutazioni sono state date da medici imparziali che alla fine dell'esperimento hanno intervistato ogni paziente ad un mese, 3 mesi, 6 mesi e a 12 mesi di distanza. Le valutazioni comprendono una remissione completa dei sintomi, la remissione parziale dei sintomi, o nessuna risposta clinica.

I valutatori non sapevano se i pazienti avessero utilizzato Picchiettamento, la terapia cognitivo-comportamentale o il farmaco. Conoscevano solo la diagnosi iniziale, i sintomi e il livello di gravità del problema. Alla fine delle terapie questi sono stati i risultati:

Il 63% dei pazienti del gruppo di controllo hanno avuto miglioramenti.

Il 90% dei pazienti del gruppo

sperimentale hanno avuto dei miglioramenti.

Il 51% dei pazienti del gruppo di controllo hanno riscontrato una remissione completa dei sintomi

Il 76% dei pazienti del gruppo sperimentale hanno riscontrato una remissione completa dei sintomi.

Ad un anno di distanza, i pazienti che avevano ricevuto i trattamenti di picchiettamento erano meno inclini a ricadute rispetto a quelli trattati con la tecnica cognitivo-comportamentale o con i farmaci, come viene riscontrato dalle valutazioni dei medici e avvalorato da immagini cerebrali e dai profili dei neurotrasmettitori.

In uno studio pilota condotto dallo stesso team, la durata del trattamento con la terapia energetica è stata sostanzialmente più breve rispetto alla CBT e all'assunzione di farmaci (una media di 3 sessioni contro una media di 15 sedute).

Se le ricerche scientifiche successive confermeranno tali risultati iniziali, ci sarà un notevole sviluppo in questo campo, visto che la terapia cognitivo-comportamentale e i farmaci sono attualmente le cure standard che vengono utilizzate per curare gli attacchi di panico e la maggiore efficacia riscontrata dalla terapia energetica durante questi studi è molto significativa. Bisogna comunque ancora sottolineare che questi risultati sono determinati da studi preliminari.

Lo studio è stato inizialmente concepito come valutazione interna di un nuovo metodo, senza pensare alla pubblicazione dello stesso. I risultati sono stati così sorprendenti che il team ha deciso di pubblicarli.

Il ricercatore principale é Joaqumn

Andrade, Medico in Medicina. La relazione è stata scritta dal Dr. Andrade e David Feinstein, Dottore in Filosofia.

Il documento apparirà in Psicologia Energetica Interattiva: un libro e un CD per apprendere le basi della psicologia energetica (Ashland, o: Innersource, distribuito da Norton Libri Professionali) di David Feinstein, con la consultazione di Fred P. Gallo, Donna Eden, e la Psicologia Energetica Interattiva Advisory Board.

Commento di Andrew Lewis:

Per chiunque dubitasse l'efficacia di EFT, questo studio dovrebbe essere sufficiente per superare quei dubbi.

Vorrei sottolineare che erano coinvolte ben 29.000 persone e inoltre che questo studio è stato portato avanti per 14 anni.

Una chicca per iniziare e terminare la giornata:

al mattino ancora sdraiati, proprio appena svegliati ma ancora un po' rinco ;-) picchietta sul punto 9 gamma e ripeti una ventina di volte:

Oggi la mia giornata è piena di Amore

Alla sera quando ti sdrai per dormire fai la stessa cosa e ripeti:

Io oggi lascio andare ogni rancore ed ogni senso di colpa

BUONA
MIRACOLOSA
VITA

PER CONTATTI